Lk 1043.

L'EFFROYABLE INCENDIE

ET

BRVSLEMENT GENERAL
de la Grande Forest de Boisfort
en Picardie.

*Et les Deplorables Ruines arriuées par le Feu
aux lieux circonuoisins.*

La nuict du Mardy au Mercredy, trentiesme
Aoust 1634.

A PARIS,
Chez IEAN AVGE', ruë S. Iacques.
1634.

L'effroyable incendie & Bruslement general de la grande Forest de Boisfort en Picardie, & les desplorables ruines arriuées par le Feu aux lieux circonuoisins, la Nuict du Mardy au Mercredy 30. Aoust 1634.

AVparauant que de vous descrire quel a esté l'effroyable incendie & bruslement general arriué à la grande forest de Boisfort en Picardie, & les grandes & deplorables ruines qui sont suruenuës par le feu, aux lieux circonuoisins la nuict du mardy au mercredy trentiesme Aoust presente année 1634. I'ay trouué à propos de faire voir

A ij

quel est l'ordre des quatre elemens, sçauoir le Feu, l'Air, l'Eau, & la Terre, & de faire paroistre comme le Feu est le plus puissant & redoutable de tous, en cette sorte.

Chacun sçait qu'il y a quatre Elemens, dont le premier & le plus haut c'est le Feu: ce qui est aysé à voir és cometes, qui est vne vapeur que le feu enflamme.

L'autre plus prochain, c'est l'air, qui est appellé des Grecs & des Latins Aer. Cet Element viuifie toutes choses : aussi se fourre-il par tout, & se mesle auec tout ce qui est de cet vniuers : & tient-on que par la vertu d'iceluy la terre balance au milieu de l'eau, qui est le quart element.

De-là vient que ioignant l'vn à l'autre, ils causent vne liaison &

complexion si grande, que ceux qui sont legers sont retenus bas par la pesanteur de ceux qui sont pesans, & au contraire ceux qui sont les plus legers tiennent les plus posans en raison, & les gardent d'aller à fonds.

Et par ainsi vsans esgalement de leurs forces contraires, & chacun en son endroict, ils demeurent fermes, & retirez de l'assiduel du Ciel, lequel se contournant tousiours en soy-mesme tient la terre en son milieu comme le plus bas Element de tous.

La terre aussi suspenduë aux engons de cet vniuers, tient par contre-eschange les Elemens mesmes qui la tiennent en suspens. Et neantmoins elle est seule immobile, car tout cet vniuers se contourne à l'entour d'icelle. Et neantmoins comme elle est meslée & composée de tous les autres Elemens, aussi leur sert elle comme d'appuy.

Voila ce quel est l'ordre (suiuant l'Histoire naturelle) des quatre Elemens en general.

Et pour le particulier il faut confesser que le Feu est plus puissant de tous, puis qu'il a ce pouuoir de consommer tous les autres, aussi est il le plus à craindre qu'il y aye, attendu les effroyables effects & les grands accidens qui arriuent tous les iours par ses incendies.

Autrefois ce puissant Element, le Feu, a bruslé & consommé, & reduit en cendre la puissante ville de Troye la Grande, nonobstant toutes les resistances que les Grecs y peurent apporter.

Mais sans emprunter les effroyables & desplorables incendies, qui ont reduit par cy-deuant les plus puissantes Citez en deserts.

Nous auons veu à nostre tres-grand regret, les accidens qui sont arriuez en diuers lieux de se Royaume depuis quelques annees.

Sçauoir le brulement du Palais de la ville de Paris (petit Microcosme de l'Vniuers) dans lequel le plus Auguste Senat du monde, rend équitablement la iustice à vn chacun.

En suitte de ce le desastre suruenu par cet effroyable Element sur les ponts aux Changes, & Meusnier, & encore sur ce Temple sacré de la Saincte Chapelle du mesme lieu.

Et apres le bruslement entier de la ville de Sezame en Brie, laquelle par la pieté, & charité ordinaire de cét Esminent Cardinal Duc de Richelieu, est tantost restablie beaucoup mieux qu'elle n'estoit auparauant son incendie.

Mais pour faire voir amplemét quel est la fureur du Feu, ie ne vous representeray que ceste grande & effroyable incendie qui est suruenuë, comme dit est, à la puissante Forest de Boisfort en Picardie, en cette maniere.

La Forest de Boisfort dans la Prouince de Picardie, appartenant à Monsieur de Vignolle, distante de la ville de Paris de vingt-quatre lieuë, estant en couppes de bois, ledit sieur de Vignolle en auroit vendu ladite couppe à des Marchands

chands de la ville de Compiegne moyennant le prix arresté entr'eux.

Pour donc mettre le bois à bas & en estat de charger sur des basteaux pour faire conduire dans la ville de Paris, lesdits marchands auroient depuis le mois de Mars dernier, employé deux à trois cens Bautherons qui continuellement depuis ledit temps, ont esté employez à coupper ledit bois, à faire bois de corde, busches & fagots.

Or comme ceste forest contient bien en longueur pres de deux lieuës, & en largeur vne demie ou enuiron. Ladite couppe n'a sceu estre si tost faicte, ce qui a fait que ledit bois ainsi couppé a esté par les grandes chaleurs qu'il a fai-

B

tes rendu sec, & presque en estat de brusler.

Il est arriué qu'vn nombre desdits Baucherons s'estans resiouys vu peu plus que l'ordinaire au suiect d'vne Feste de village, qui estoit proche d'vne demi-lieuë de ladite forest, que s'estant rendus le soir du Mardy 29. du mois d'Aoust dans les cabanes qui s'estoient faictes couuertes de pailles & broussailles pour les mettre à couuert lors des injures du temps, & mesme y couchoient attendu la distance qu'il y auoit de ladite forest à leurs domicilles.

Par vn grand mal-heur, la nuit du Mardy au Mercredy trentiesme dudit mois, sur les vnze heures de nuict, nombre desdits baucherôs s'estans endormis d'vn profond sommeil, pour le trauail qu'ils auoient eus le long du iour, & autres qui s'amusant les vns contre les autres à badiner, vinrent auec quelques brandons de pailles par inaduertance approcher de trop pres des pailles & broussailles, dont sesdites Cabanes, ou Logettes estoient construites.

Le Feu qui est vn Element, ainsi que nous auons dit, le plus effroyable de tous les quatre, & duquel il ne se faut point iouër en aucune façon que ce soit, se vénât à prendre d'vne telle fureur à l'vne des sesdites Logettes, que dans vn instant elle fut embrasee, & delà se coula à d'autres, qui furent aussi consommee par cette effroyable incendie.

Sur ce desplorable accident il

s'esleua vn vent qui ietta le feu dans des Bruieres qui estoiét proches, lesquelles estant embrazees mirent le feu au bois qui estoit à bas, destiné pour mettre en fagots, lequel aussi fut aussi-tost en flambe par le moyen de certaines petites menuës brousailles (seiches comme allumettes) qui estoient en quantité dessous ledit bois.

Et delà gagna les lieux ou estoit en pille le bois de Corde qui estoit presque sec, mais estant animé du vent qui pour lors faisoit, il a esté reduit la plus grande partie en cendre, & ainsi toute la Forest entiere a ressenty quel est la fureur de cet Element, dont la perte est estimee à plus de deux cents cinquáte mil liures, à quoi l'on na sceu trouuer aucun remede.

Ce n'est pas tout, les Villages & Hameaux qui sont proche de ladite Forest ont estez aussi grandement ruinez, & notamment ceux contre lesquels le vent iettoit les flamesches.

Car venant à tomber sur la couuerture des maisons qui ne sont couuertes que de chaumes, & pailles, le feu s'y est tellement coüué dessus, que la mesme iournee il y en a eu plus de soixante de perdues & bruslees, & n'eust esté les promps remedes & diligences qu'on apporta pour coupper le chemin au Feu, il est à croire qu'il n'en n'eust resté aucunes qui n'eussent esté consommees ainsi que les autres.

Mais Dieu qui par sa prouidence arreste toutes choses quant bon

luy semble, fit cesser les vents, &
par ainsi cette effroyable incendie
fut arrestee : car autrement il estoit
à craindre que tout le pays n'eust
esté perdu.

F I N.

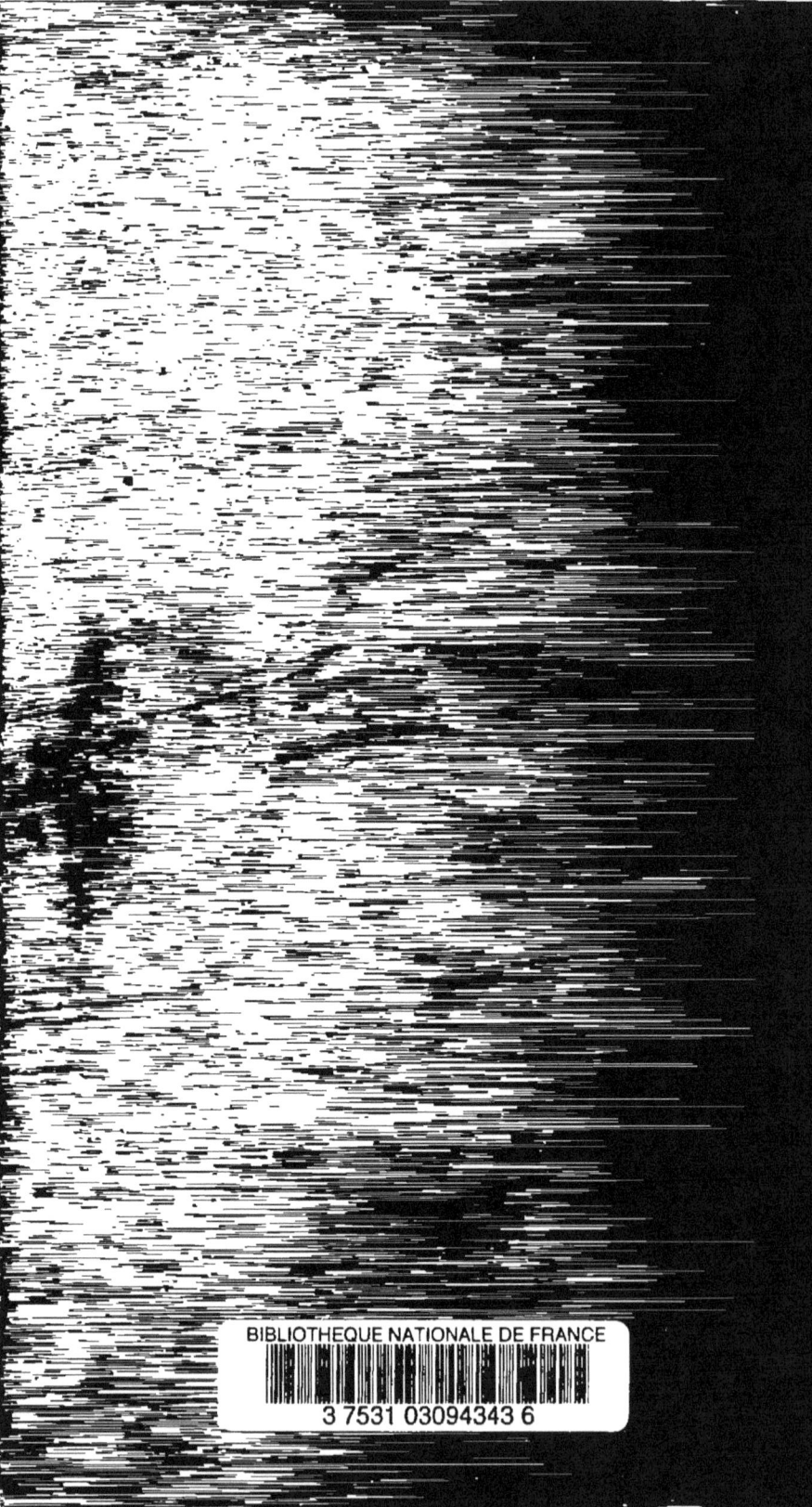

www.ingramcontent.com/pod-product-compliance
Lightning Source LLC
Chambersburg PA
CBHW060627050426
42451CB00012B/2468